Je fais de L'ATHLÉTISME avec Pascal Martinot-Lagarde

Textes de Myriam Alizon
et Pascal Martinot-Lagarde

Illustrations de Léonie Després

milan

Sommaire

2
1
3

adidas
MARTINOT-LAGARDE
MAIF
EL ACHKAR
MAIF

« La beauté de l'athlétisme, c'est qu'il est pratiqué partout dans le monde. C'est le sport le plus universel. »

L'ATHLÉTISME

Courir, sauter, lancer

L'athlétisme fait partie de ton quotidien. Quand tu cours, sautes, lances ou même marches, c'est déjà de l'athlétisme.

L'athlétisme se pratique souvent en extérieur : dans un stade, dans la ville ou dans la nature… L'hiver, tu peux aussi en faire en salle, dans des **gymnases aménagés**.

Après une course d'élan, le triple saut est composé d'un saut à cloche-pied, d'une enjambée et d'un saut final.

Le lancer du javelot est le seul lancer réalisé après une course d'élan.

Les disciplines sont variées. Il y a trois grandes familles : les **courses** (sprint, demi-fond, fond), les **sauts** (hauteur, perche, longueur, triple saut) et les **lancers** (poids, disque, marteau, javelot).

Si tu aimes courir longtemps, tu apprécieras les épreuves d'endurance. Si tu préfères la course de vitesse, le sprint est pour toi. L'athlétisme convient à **tous les gabarits**. Tu aimes sauter ? Essaie le saut à la perche. Tu aimes lancer ? Tente le javelot !

« Mon papa est fan d'athlé, c'était une évidence que mon grand frère et moi ferions de l'athlétisme. Vers 5 ans, on m'a inscrit au club de ma ville, à Moissy-Cramayel, en Seine-et-Marne.

J'étais un petit garçon plein d'énergie, et ça me faisait du bien de me dépenser. J'adorais retrouver mes copains. Si tu ne peux pas t'inscrire dans un club, sors, va courir, jouer ou même marcher avec tes copines et tes copains. Passe le moins de temps possible sur le canapé. »

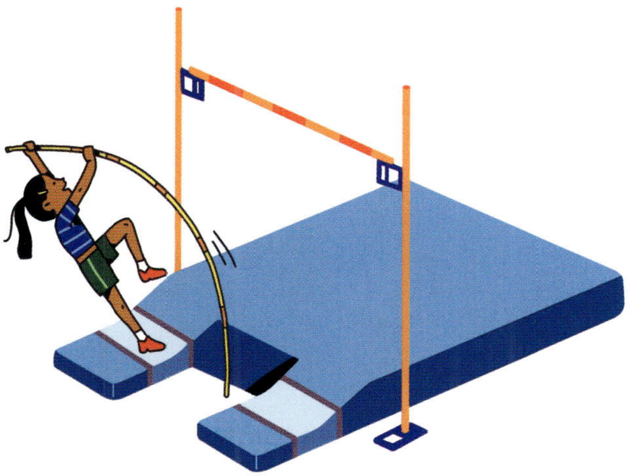

Certaines disciplines nécessitent du matériel, comme le saut à la perche.

L'athlétisme est la première discipline handisport. Il propose des épreuves adaptées à tous les types de handicaps, moteurs ou cérébraux. Les athlètes peuvent courir avec un guide, en fauteuil roulant ou avec des prothèses. L'athlétisme est un **sport universel**, pratiqué par tous dans le monde entier.

Alexandra Nouchet, 100 mètres femmes T63, stade Charléty, Paris, championnats du monde 2023.

Un peu d'histoire

L'athlétisme met en scène des gestes de la vie courante.

Les premiers humains couraient, sautaient et lançaient pour **chasser** et **se nourrir**. Certains de leurs mouvements peuvent ressembler à ceux que tu vois dans un stade aujourd'hui.

Ce sont les Grecs, pendant l'Antiquité, qui ont inventé l'athlétisme tel que tu le connais. Lors de jeux organisés **en l'honneur de leurs dieux**, en 776 avant Jésus-Christ, ils participaient à des épreuves de course, de saut et de lancer.

Puis l'athlétisme est tombé dans l'oubli, à la fin de l'Antiquité. Au XIXe siècle, les **universités anglaises**, pionnières du sport moderne, le remettent au goût du jour en organisant des compétitions.

Une course d'athlètes sur une amphore grecque en céramique du VIe siècle avant Jésus-Christ.

La victoire de Betty Robinson, États-Unis, en finale du 100 mètres féminin aux Jeux olympiques de 1928.

Quand le Français Pierre de Coubertin relance les Jeux olympiques, en 1896, à Athènes, l'athlétisme est le sport roi. **Douze épreuves** sont au programme : des courses, des sauts et des lancers. Mais aucune femme n'y participe. Il faudra attendre les Jeux d'Amsterdam, en 1928, pour qu'elles prennent part aux compétitions.

Aujourd'hui, toutes les épreuves sont disputées par les hommes et les femmes, sauf deux. Les hommes pratiquent le **décathlon** (dix épreuves combinées), les femmes l'**heptathlon** (sept épreuves) ; les hommes courent le 110 mètres haies, les femmes le 100 mètres haies.

On peut s'exercer partout.

« L'athlétisme est le sport le plus accessible. Il suffit d'une paire de baskets, d'un peu de volonté, d'un chemin, d'une ligne droite en forêt ou même d'escaliers pour s'entraîner. »

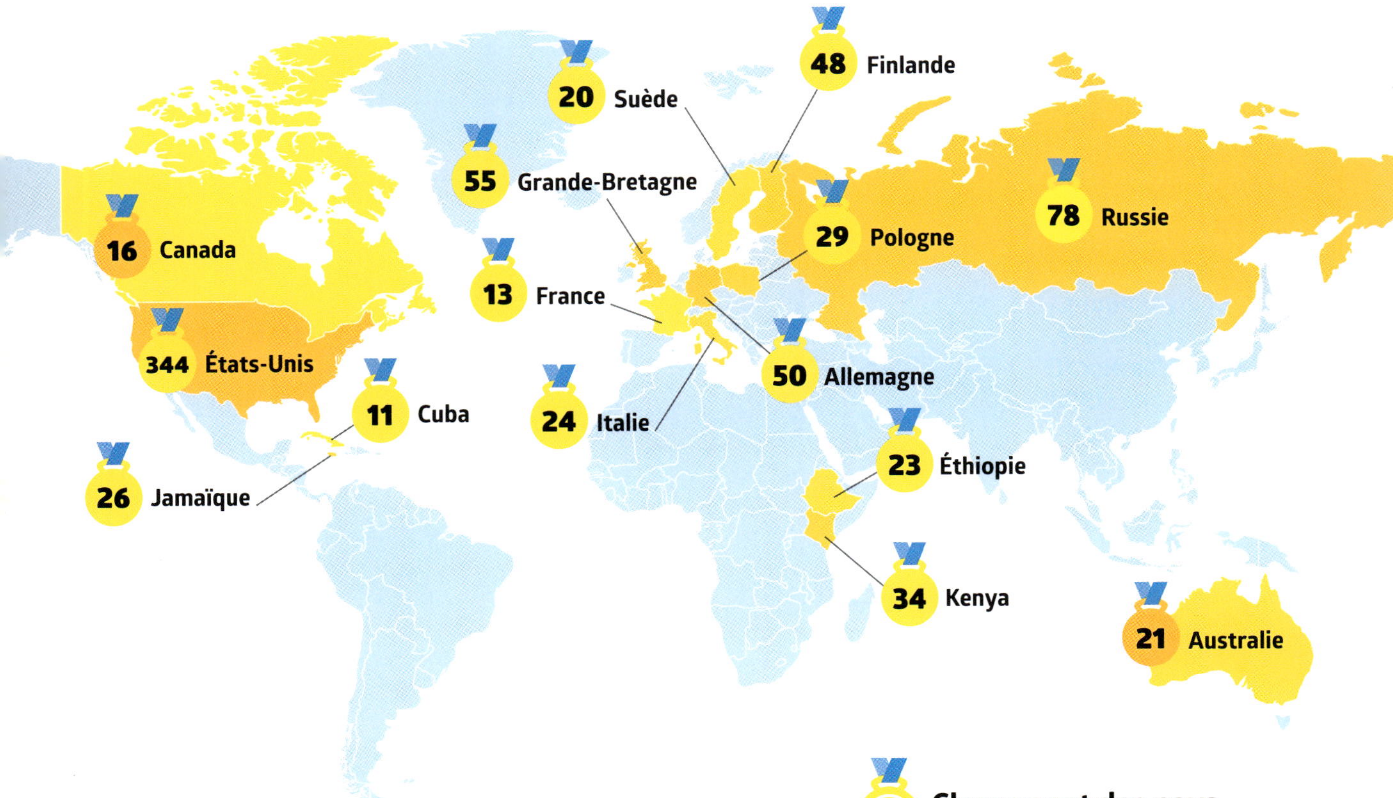

Classement des pays par nombre de médailles d'or aux JO :

1. États-Unis
2. Russie
3. Grande-Bretagne
4. Allemagne
5. Finlande
6. Kenya
7. Pologne
8. Jamaïque
9. Italie
10. Éthiopie
11. Australie
12. Suède
13. Canada
14. France
15. Cuba

Sur tous les continents

L'athlétisme est pratiqué partout dans le monde.

Certaines régions du globe ont leur spécialité : le sprint aux **Antilles**, la course de fond en **Afrique de l'Est**, les lancers dans les pays d'**Europe centrale et du Nord**.

Marie-José Pérec est la seule athlète française à avoir gagné des médailles d'or lors de deux Jeux olympiques. Elle a remporté le 400 mètres aux JO de Barcelone (1992), et les 200 mètres et 400 mètres aux JO d'Atlanta (1996).

Les États-Unis, capables de briller dans toutes les disciplines, **figurent en tête** des tableaux des médailles dans les compétitions internationales.

Ladji Doucouré, 110 mètres haies, championnats du monde, Helsinki, 2005.

« Enfant, mon idole, c'était Ladji Doucouré. Je faisais déjà des haies quand il est devenu champion du monde du 110 mètres haies, en 2005. J'ai persévéré dans l'athlé, et cette idole est devenue un concurrent. J'ai transformé son image de champion inatteignable en concurrent comme les autres.

En sport, il faut toujours se dire que tout est possible. Il faut croire en toi ! »

MARTINOT
LAGARDE
152
CRÉDIT MUTUEL
ATHLÉ TOUR

« En pratiquant l'athlétisme, tu vas découvrir tout ton potentiel physique : à quel point tu peux courir vite ou longtemps, sauter haut... »

BIENVENUE AU CLUB

L'inscription

Tu cherches un club près de chez toi ? Il y en a sûrement un, il en existe plus de deux mille en France.

Le 800 mètres fauteuil au stade Charléty, Paris, championnats du monde, 2023.

Les clubs sont tous répertoriés sur le site de la Fédération française d'athlétisme (www.athle.fr). C'est elle qui organise la discipline. Près de trois cents d'entre eux proposent du **para-athlétisme**. C'est le nom donné à l'athlétisme handisport.

Tu peux essayer l'activité lors d'une journée portes ouvertes du club. En t'inscrivant, tu paies une cotisation pour l'année et tu obtiens une licence. En 2022, on dénombrait environ **129 000 licenciés de moins de 16 ans en France**. Tu peux aussi pratiquer l'athlétisme avec l'association sportive de ton école ou de ton collège.

« J'ai toujours pratiqué l'athlétisme. Quand j'étais enfant, je cumulais avec un autre sport. Une année c'était athlé et judo, puis athlé et basket, athlé et natation...

Les Anglo-Saxons disent qu'il est excellent pour le développement de pratiquer différents sports. En France, on a tendance à s'inscrire dans un seul et ne faire que ça. Profite, et découvre plein de sports différents ! »

Au saut en hauteur, un matelas amortit la réception de ton saut.

Dans ton club, tu rejoindras un groupe d'enfants de ton âge. Les entraînements sont mixtes. Jusqu'à 12 ans environ, tu t'initieras à toutes les disciplines. La spécialisation vient avec l'âge et l'envie. Tu as peut-être très envie de faire du saut à la perche. Pour ça, il faut travailler ta vitesse et ta coordination. Tu vas déjà acquérir les bases et découvrir tes **aptitudes**, tes **points forts**.

Quand tu participes au cross de ton école, tu fais de l'athlé. Quand un de tes parents va courir le week-end, il fait aussi de l'athlé.

Dans le sac

Prévois une tenue simple et adaptée à la météo.

L'hiver, couvre-toi pour que tes muscles ne se refroidissent pas. Tu peux mettre un **jogging** ou un collant, un tee-shirt à manches longues, une veste de survêtement. Emporte aussi une veste de pluie, des gants et un bonnet.

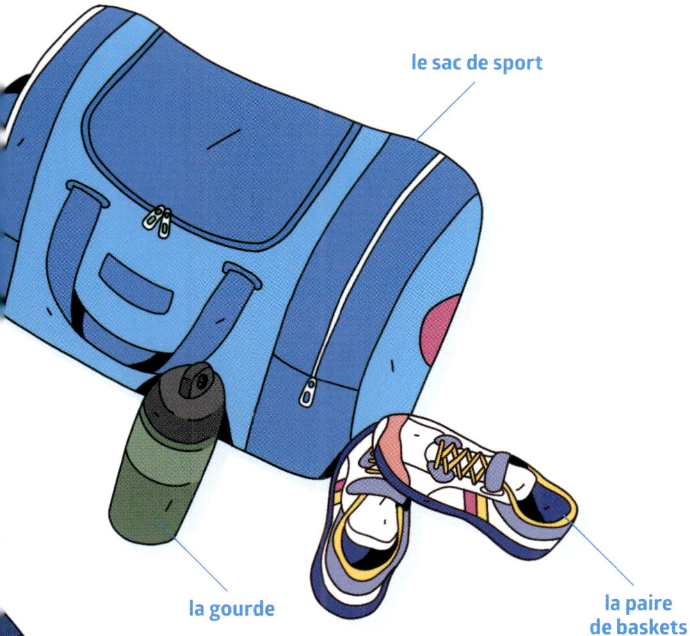

> « Le plus important dans ton sac, c'est une grande gourde d'eau. Pas de soda ni de jus de fruits… Mon conseil pour ta tenue : ne te prends pas la tête, une paire de chaussures de sport et une tenue dans laquelle tu te sentiras bien. Il n'y a pas besoin de se poser mille questions. Encore aujourd'hui, je fais au plus simple. Je n'ai pas le tee-shirt antitranspirant dernier cri… »

Les pointes sont des chaussures spécialement conçues pour courir sur piste. Elles ont des petites vis sous la semelle pour mieux adhérer au sol. En général, on court avec des pointes à partir de 12 ans. Les pointes des champions et championnes sont des bijoux technologiques capables de leur faire gagner quelques précieux centièmes de seconde.

L'été, un short et un tee-shirt suffiront. Il existe des matières respirantes qui sont particulièrement adaptées à la course et permettent d'évacuer la transpiration. Prévois une paire de baskets (et des pointes, si ton entraîneur le demande), une gourde remplie d'eau, et des **affaires de rechange** pour ne pas prendre froid en rentrant chez toi.

Le stade

Il est composé d'une piste de course et de différentes aires de saut et de lancer.

La piste est plate. Elle comporte deux lignes droites et deux courbes. Son périmètre intérieur mesure **400 mètres de long**. La piste est divisée en couloirs. Elle doit en compter au moins huit pour pouvoir accueillir des compétitions.

« J'ai commencé l'athlé dans un stade qui n'avait pas une forme de stade ! C'était celui du club de ma ville, Moissy-Cramayel, en Seine-et-Marne. La piste ne mesurait pas 400 mètres, elle n'était pas ovale. Le premier virage était serré, l'autre non. Elle avait des défauts, mais elle était parfaite pour commencer. C'était une piste pour le sport scolaire, pas une piste pour des records du monde. »

La piste en tartan a été utilisée pour la première fois en 1968, aux Jeux olympiques de Mexico. Avant, on courait sur des pistes en terre battue ou en cendrée, un mélange de sable et de cendres.

La piste est souple. Elle est composée d'un mélange de **caoutchouc** et de **polyuréthane**, une sorte de plastique. Avant 2009, les pistes étaient majoritairement en tartan de couleur rouge ou ocre. Aujourd'hui, leur coloration varie. Certaines sont bleues ou violettes. En salle, on en trouve même des grises.

La piste des championnats de France élite en salle, Aubière, 2023.

Les épreuves dans le stade

Lors d'une compétition d'athlétisme, plusieurs épreuves se déroulent en même temps.

Mallory Leconte et Hélène Parisot, relais 4 × 100 mètres, championnats d'Europe d'athlétisme, Munich, 2022.

Les courses

Dans un stade, selon leur longueur, le point de départ des courses est différent. Mais elles finissent toutes sur la **même ligne**. La ligne d'arrivée est au bout de la ligne droite.

▶ Le sprint

- **Le 100 mètres** (la ligne droite)
- **Le 200 mètres** (un demi-tour de piste)
- **Le 400 mètres** (un tour complet de piste)

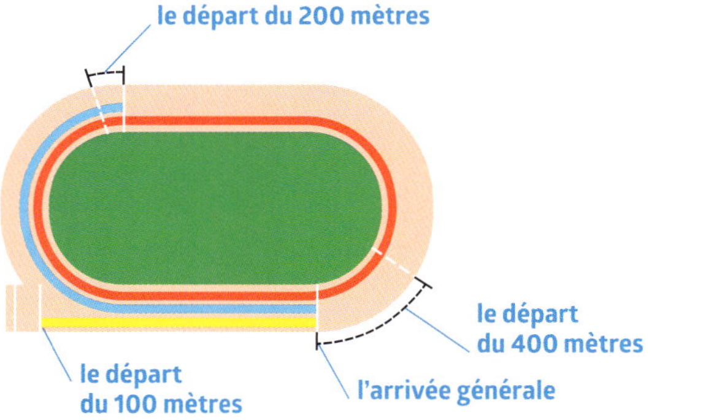

▶ Les relais

- **Le relais 4 × 100 mètres**
- **Le relais 4 × 400 mètres**

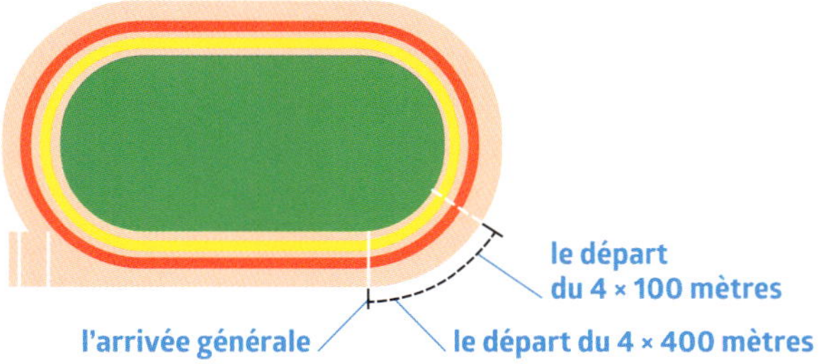

La demi-finale du 110 mètres haies, championnats d'Europe, Munich, 2022.

▶ Les courses de haies

Elles comportent toutes **dix haies**.
Leur hauteur varie selon le type de course.

Le 100 mètres haies femmes
Hauteur : 84 centimètres

Le 110 mètres haies hommes
Hauteur : 106,7 centimètres

Le 400 mètres haies femmes
Hauteur : 76,2 centimètres

Le 400 mètres haies hommes
Hauteur : 91,4 centimètres

▶ Le fond

▶ **Le 5 000 mètres :** ça représente **douze tours et demi d'une piste de 400 mètres**.
▶ **Le 10 000 mètres :** ça représente **vingt-cinq tours d'une piste de 400 mètres** !

Flavie Renouard, 3 000 mètres steeple, championnats d'Europe, Munich, 2022.

▶ Le demi-fond

Cette catégorie comprend le **800 mètres**, le **1500 mètres** et le **3 000 mètres**.

Le **3 000 mètres steeple** est une course où l'athlète doit franchir **cinq obstacles** à chaque tour de stade. Les obstacles sont des barrières fixes situées à 91,4 centimètres du sol pour les hommes et 76,2 centimètres pour les femmes. L'une des barrières est placée devant une fosse remplie d'eau, appelée la *rivière*. Les athlètes s'y mouillent les pieds à chaque tour.

Le lancer du marteau.

Les lancers

▶ Le javelot : celui des femmes pèse 600 grammes, celui des hommes 800 grammes.

▶ Le disque : celui des femmes pèse 1 kilo, celui des hommes 2 kilos.

▶ Le poids : celui des femmes pèse 4 kilos, celui des hommes 7,26 kilos.

▶ Le marteau : celui des femmes pèse 4 kilos, celui des hommes 7,26 kilos.

Les sauts

▶ **Le saut en hauteur :** la course d'élan est suivie d'un rouleau dorsal, ou *Fosbury flop*, technique la plus utilisée.

▶ **Le saut en longueur :** la course d'élan est suivie d'une impulsion à un pied sur la planche d'appel.

▶ **Le triple saut :** la course d'élan est suivie d'un saut à cloche-pied, d'une enjambée et du saut final.

▶ **Le saut à la perche :** la course d'élan est suivie d'un saut en hauteur à l'aide d'une perche souple.

Le champion du monde de saut à la perche 2022 et 2023, Armand Duplantis (Suède).

Les épreuves combinées

▶ Les femmes disputent l'**heptathlon** : la combinaison de sept épreuves, réparties sur deux jours.

Jour 1 : 100 mètres haies, saut en hauteur, lancer du poids, 200 mètres.
Jour 2 : saut en longueur, lancer du javelot, 800 mètres.

▶ Les hommes disputent le **décathlon** : la combinaison de dix épreuves, réparties sur deux jours.

Jour 1 : 100 mètres, saut en longueur, lancer du poids, saut en hauteur, 400 mètres.
Jour 2 : 110 mètres haies, lancer du disque, saut à la perche, lancer du javelot, 1500 mètres.

« Pendant tes premières années de pratique, tu vas essayer les courses, les lancers et les sauts. Une de ces familles d'activités te plaira plus que les autres. Vers 10 ans, j'ai senti que j'avais une certaine facilité pour la course de haies. J'apprenais sans effort. J'adorais aussi le saut en hauteur. J'aimais cette tension et ce défi de passer par-dessus la barre. Mais je n'étais pas très fort, et je me suis concentré sur les haies. »

Hors stade

Certaines épreuves d'athlétisme se déroulent en dehors du stade.

Tu as peut-être déjà couru un cross avec ton école ? Le **cross-country**, ou **cross**, se déroule dans la nature. C'est la première épreuve disputée en compétition, à partir de 7 ans. Les départs sont groupés. C'est l'athlète le ou la plus rapide qui l'emporte.

« J'adorais les cross parce que, une fois la ligne d'arrivée franchie, il y avait toujours un chocolat chaud. Après le parcours du combattant, les efforts pour courir dans la boue et le froid, c'était la jolie récompense. C'est l'un des souvenirs marquants de mes jeunes années d'athlé. »

La victoire du Kényan Eliud Kipchoge au marathon des JO de Tokyo, 2021.

Le marathon, lui, se court en ville, sur du bitume, sur 42,195 kilomètres. L'épreuve tient son nom de la **ville de Marathon, en Grèce**. Dans l'Antiquité, un messager aurait couru entre Marathon et Athènes, environ 40 kilomètres, pour annoncer la victoire des soldats grecs contre les Perses.

Cette course est réservée aux adultes, car elle demande un effort long et très soutenu. Les femmes peuvent la courir aux Jeux olympiques seulement depuis 1984. Aujourd'hui, le **record du monde** est de 2 heures 0 minute 35 secondes pour les hommes, et de 2 heures 11 minutes 53 secondes pour les femmes.

Les épreuves de marche se déroulent aussi en ville, sur des distances de 10 ou 20 kilomètres. Le 50 kilomètres a disparu des compétitions depuis 2021.

Camille Moutard au 20 kilomètres marche, championnats d'Europe, Munich, 2022.

Le Stadium
de Miramas, France.

L'athlétisme en salle

L'hiver, la saison d'athlétisme se déroule en salle.

Les compétitions importantes, comme les championnats de France, se déroulent dans des salles construites pour l'athlétisme. Il n'y en a qu'**une quinzaine en France**. Les pistes mesurent 200 mètres de long, et leurs virages sont relevés parce qu'ils sont plus serrés.

Tu peux pratiquer ton sport dans un gymnase. Les exercices sont adaptés en fonction du **matériel disponible**. S'il n'y a pas de bac à sable pour le saut en longueur, tu travailleras le saut en hauteur.

Wilhem Belocian, Pascal Martinot-Lagarde et Dimitri Bascou lors de leur victoire aux championnats d'Europe en salle, Prague, 2015.

« En 2015, aux championnats d'Europe en salle, à Prague, j'ai été sacré champion d'Europe sur 60 mètres haies. J'ai remporté la course en 7 secondes et 49 centièmes devant deux autres athlètes français : Dimitri Bascou et Wilhem Belocian. C'est un triplé français historique aux championnats d'Europe. »

Les épreuves en salle ne sont pas les mêmes que dans le stade. On court le **60 mètres** au lieu du 100 mètres, et le 60 mètres haies au lieu du 100 ou 110 mètres haies. Un seul lancer est au programme : le **poids**. Lors des compétitions hivernales, les lancers du marteau, du javelot et du disque ont lieu en extérieur.

Le nombre de disciplines des épreuves combinées est réduit. Les hommes disputent un **heptathlon** (sept épreuves), et les femmes un **pentathlon** (cinq épreuves).

Kevin Mayer court le 1 000 mètres, heptathlon, championnats d'Europe en salle, Istanbul, 2023.

Finale du 200 mètres T64,
Jeux paralympiques,
Tokyo, 2021.

L'athlétisme handisport

L'athlétisme handisport, ou para-athlétisme, existe depuis les années 1950. Les premières courses ont été organisées pour des soldats blessés qui concouraient en fauteuil roulant.

Aujourd'hui, c'est le parasport le plus populaire et le plus pratiqué dans le monde. En France, plus de **300 clubs** proposent du para-athlétisme. Si tu as un handicap, tu peux pratiquer l'athlétisme. Demande à tes parents de contacter un club près de chez toi ou la fédération d'athlétisme.
Les épreuves disputées sont presque les mêmes qu'en athlétisme. Il n'y a pas de courses de haies, de lancer du marteau ni de saut à la perche.

Les sportifs et sportives concourent par catégories de handicaps et, au sein de celles-ci, en fonction du degré d'atteinte. Il existe **7 grandes catégories** de handicaps :

- **Déficience visuelle**
- **Déficience intellectuelle**
- **Déficience auditive**
- **Paralysie cérébrale**
- **Paralysie motrice**
- **Amputation d'un ou plusieurs membres**
- **Personnes de petite taille**

Aux Jeux paralympiques, il y a **168 épreuves** d'athlétisme, dont 30 épreuves pour le 100 mètres, selon la catégorie de handicap et son degré d'atteinte. Les personnes malentendantes ou sourdes ne participent pas aux Jeux paralympiques. Elles ont leurs propres Jeux, les Deaflympics.

Les vainqueures de la finale du saut en longueur T63, Jeux paralympiques, Tokyo, 2021.

DIMA
FRANCE
MARTINOT LAGARDE

Ce qui est génial à la fin de l'entraînement, c'est de te dire "Je l'ai fait !". On s'entraîne toujours plus durement que ce que notre discipline exige. »

L'ENTRAÎNEMENT

Le code de bonne conduite

L'athlétisme est un sport individuel qui se pratique en groupe. Voici les règles à respecter pour s'entraîner et progresser ensemble.

J'arrive à l'heure, avec une tenue de sport adaptée.

J'écoute l'entraîneur ou l'entraîneuse. Je demande des précisions si je n'ai pas compris.

Je participe à la mise en place et au rangement du matériel.

Je favorise l'esprit d'équipe et une bonne ambiance dans le groupe.

J'encourage mes camarades, les moqueries n'ont pas leur place ici.

En compétition, je suis fair-play : je respecte les règles et les adversaires.

« Sur la piste, tu as le droit d'avoir envie de gagner, de battre tes copains, d'être le meilleur ou la meilleure... Personne ne t'en voudra de vouloir être le premier ou la première. Mais, quand la course est finie, tu fais de nouveau partie du groupe. Encourage les autres.

C'est complètement normal de ne pas avoir le même état d'esprit sur la piste et en dehors. »

Et voici les règles de sécurité à respecter sur la piste :

La base athlétique

En sport, il faut répéter les gestes pour progresser. Ça nécessite des efforts et du travail.

Ton entraîneur inventera des exercices variés et adaptés pour décomposer les **gestes de l'athlétisme**. Au fur et à mesure, tu les assimileras et tu les reproduiras plus facilement.

Jusqu'à tes 12 ans, tu vas construire ta base athlétique. À travers des activités ludiques, tu vas développer tes **capacités physiques**, ta **coordination** et ton **goût de l'effort**. À force de répétition, tu amélioreras ta vitesse de réaction, ta capacité d'accélération, le placement de ton corps, ta gestuelle, ton endurance...

Tu vas multiplier les éducatifs pour apprendre les gestes.

« La perfection n'existe pas. L'entraînement est fait pour tendre vers celle-ci. Quand tu fais des gammes, comme des montées de genou, des talons-fesses, des jambes tendues, tu décomposes toutes les parties de la course. Aujourd'hui, je fais encore ces exercices à chaque séance. Ça fait plus de vingt ans que je les réalise pratiquement tous les jours. »

Le travail de proprioception : la capacité à percevoir la position exacte de notre corps sans regarder.

En t'appuyant sur cette base athlétique, tu vas ensuite apprendre des techniques spécifiques. À partir de 12 ou 13 ans, tu pourras **te spécialiser dans une discipline**, tout en continuant à toutes les pratiquer. En effet, en compétition, jusqu'à 16 ans, tu dois effectuer un saut, un lancer et une course.

Une séance type

Le contenu de la séance d'entraînement varie en fonction de ton âge.

Dans les catégories éveil (7-9 ans) et poussins (10-11 ans), une séance d'une heure et demie est programmée chaque semaine.

Après t'être changé(e) au vestiaire, tu rejoins tes copains et copines sur le stade pour l'**échauffement**. Tu trottines à allure lente pour permettre à ton corps de se réveiller, ou tu participes à un jeu proposé par ton entraîneur.

« L'athlétisme est un sport individuel où tu vas découvrir ton potentiel, à quel point tu es forte ou fort. Tu vas t'apercevoir que tu peux repousser tes limites. Tes copains et copines vont t'aider à progresser. Ils vont t'encourager, te titiller, pour te permettre de te dépasser. »

Ensuite, tu fais des gammes, comme un pianiste. Ce sont le plus souvent des courses en **talons-fesses**, des **montées de genou** et des **montées de jambe tendue**. Pour rendre l'échauffement ludique, ton entraîneur te proposera des jeux ou des petites courses. Ces mouvements, répétés à chaque séance, te permettront de gagner en tonicité et en coordination.

les talons-fesses

les montées de genou

le saut à la perche

Tu vas ensuite effectuer des exercices spécifiques, selon l'objectif de la séance.
Ils peuvent prendre la forme de **parcours**, de **jeux**, d'**ateliers**… C'est ainsi que tu vas t'initier aux différentes disciplines de l'athlétisme : les sauts, les lancers, les courses.

Tu finis la séance par un **retour au calme**.

Prends soin de toi

Pour ne pas te blesser, tu dois veiller à bien t'échauffer. L'athlétisme sollicite le corps tout entier.

L'échauffement permet d'augmenter la température de ton corps et d'assouplir tes muscles et tes articulations. Juste avant une grande compétition, les pros peuvent faire plus d'une heure d'**échauffement**.

En faisant augmenter le rythme cardiaque, les exercices préparent le corps à l'effort. Tu améliores ainsi l'**oxygénation** de tes muscles et tu stimules les récepteurs nerveux. L'échauffement t'aide aussi à entrer dans l'activité et à **te concentrer**. Cette routine est aussi importante du point de vue physique que psychologique.

Pour étirer le quadriceps, tu ramènes le talon contre la fesse.

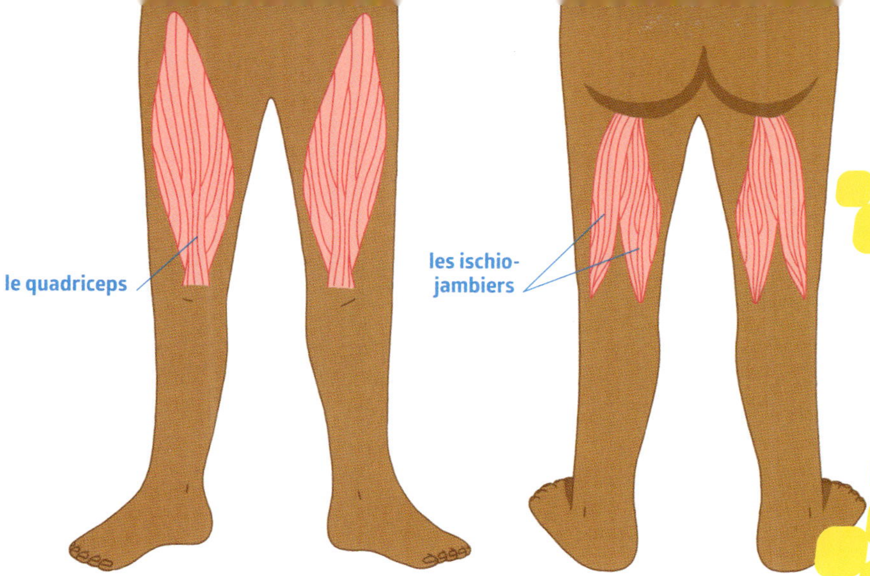

Si tu te lances dans un sprint à froid, tu risques de te blesser. Les muscles de la cuisse, les quadriceps et les ischio-jambiers, peuvent être touchés.

L'hiver, l'échauffement est plus long que l'été. Et, après la séance, **pense à te changer** pour ne pas prendre froid : enfile des habits secs si tu as transpiré ou qu'il a plu.

L'échauffement aide à la concentration.

« Mes trois conseils pour être en bonne santé :

1 Fais du sport, de l'activité physique, et marche le plus possible.

2 Mange un maximum de produits non transformés. Par exemple, plutôt une escalope de poulet qu'un cordon-bleu.

3 Dors suffisamment. Le sommeil est primordial pour bien grandir. Tes muscles ont besoin de sommeil pour bien récupérer. Je dors au moins huit heures par nuit. Toi, il t'en faut plus. »

La compétition : comme un jeu

La compétition fait partie du sport, comme l'entraînement. Tu vas mettre en pratique ce que tu as appris.

C'est un moyen de te dépasser, et surtout de t'amuser.
Dans ton club, on te conseillera sûrement de participer aux **compétitions**, car elles contribuent à créer un **esprit d'équipe**. Elles ont lieu le week-end. Jusqu'à 12 ans environ, elles sont mixtes. Souvent, elles se déroulent par équipes, c'est plus sympa !

Voici les différents formats de compétition auxquels tu peux participer :

▶ **Les *kids' athletics* :** c'est une compétition mixte par équipes. Elle compte une dizaine d'épreuves. Aucun résultat individuel n'est publié. L'objectif est de progresser et de s'amuser.

KiDS' ATHLETICS

Le programme *World Athletics Kids' Athletics* est porté par plus de cent fédérations d'athlétisme du monde entier pour encourager l'activité physique.

Pascal regarde le tableau, finale du 60 mètres haies du meeting de Liévin, 2023.

> « La compétition est essentielle. Elle t'apprendra que perdre n'a pas d'importance. Tu peux donner le meilleur de toi-même sans être le plus fort ou la plus forte, et tu dois apprendre à l'accepter. On ne peut pas toujours gagner, et ce n'est pas un échec de perdre ! La compétition te permettra de te dépasser et d'être fier ou fière de toi. J'ai beau être un champion, dans ma carrière j'ai eu 90 % d'échecs pour 10 % de victoires. »

▶ **Le *kids' cross* :** c'est un cross dont la longueur est adaptée à l'âge des enfants. La distance varie entre 500 mètres et 1 kilomètre. Le cross est souvent combiné à d'autres défis sportifs, comme un lancer de vortex. L'objectif est de découvrir et d'apprendre à gérer l'effort.

▶ **Le triathlon :** tu pourras y participer à partir de la catégorie benjamins (12 ans). Cette épreuve compte une course, un saut et un lancer. Ce sont les premiers pas vers la compétition.

Le rôle de l'entraîneur

Pour entraîner un groupe d'enfants, il faut un diplôme. Chaque entraîneur a suivi une formation spécifique. Il s'appuie aussi sur son expérience de la discipline.

Ton entraîneur ou entraîneuse a passé un examen qui lui permet d'encadrer des enfants dans l'apprentissage de l'athlétisme. Il ou elle prépare les séances et les adapte en fonction de l'**âge** de ton groupe et des **objectifs fixés**.

Enchaîner les foulées sur la pointe des pieds.

N'hésite pas à poser des questions à ton entraîneur ou entraîneuse, et à dire ce que tu n'as pas compris. L'important est de pouvoir **échanger** si quelque chose te tracasse pendant la séance. Même si, comme à l'école ou au collège avec les enseignants, tu apprécies certains entraîneurs plus que d'autres.

Au plus haut niveau, certains entraîneurs sont très demandés. Ils exercent leur métier dans des académies où des **athlètes du monde entier** se retrouvent pour s'entraîner et **progresser ensemble**.

Si tu ressens une douleur, n'hésite pas à le dire à l'entraîneur ou l'entraîneuse.

« Si le coach me fait une remarque, me dit "Attention, tu fais mal l'exercice", je ne me vexe pas. Je me demande : "Comment vais-je faire pour m'améliorer ?" En gros, le coach représente le cerveau, et moi les jambes. Je dois me servir de son expérience pour m'améliorer. Dans une bonne relation avec mon entraîneur, je dois accepter ses critiques et me remettre en question. Il est là pour m'aider à progresser. »

Pascal Martinot-Lagarde et son entraîneur Benjamin Crouzet.

Ministerstwo
Sportu i Turystyki
MARTINOT-LAGARDE

« Pour devenir plus fort ou plus forte, tu vas répéter des gestes techniques. Ils deviendront très précis et automatiques. »

LA TECHNIQUE

Le sprint

Sprinter, c'est courir le plus vite possible sur une distance donnée. Pour aller vite, il faut être dynamique.

Ta vitesse dépend de l'amplitude (la grandeur) **de tes foulées, et de la fréquence** (le nombre) **de tes appuis au sol.**

Tu vas commencer par sprinter sur 30 mètres, puis sur 50, 60 et 100 mètres. Chez les adultes, il y a les **sprints courts** – 60, 100 et 200 mètres – et le **sprint long** – 400 mètres.

Voici les clés du sprint :

1. **Regarde loin devant toi** pour rester dans ton couloir : ça te permettra de garder la tête droite et de ne pas dévier de ta trajectoire. Si tu tournes la tête pour voir tes camarades, tu perdras de l'équilibre et de la vitesse.

2 Monte les genoux et garde le dos droit.
Il faut courir en cycle avant, avec les genoux devant toi. Si tu es en cycle arrière, que tes talons remontent vers tes fesses, tu ne seras pas efficace.

3 Attaque le sol avec la partie avant du pied.
Il ne faut pas attaquer le sol avec le talon ni taper du pied : tu pourrais te faire mal au dos, et ce n'est pas efficace.
Garde en tête l'image d'un chat, elle t'aidera à être souple et légère ou léger.

« Quand je cours, mon talon ne touche pas le sol. Je cours toujours sur la pointe du pied, mais tu n'en es pas encore là ! Ça viendra.

Une manière d'accélérer encore, même si tu penses être à fond, c'est d'utiliser tes bras en les balançant.

Si tu veux accélérer en jambes, il faut accélérer en bras. Ta jambe est toujours synchronisée avec le bras opposé. Tu verras, c'est naturel. »

Bras et jambes travaillent : c'est le bras du côté opposé à la jambe qui avance.

L'athlète Éloyse Lesueur-Aymonin remporte la victoire aux championnats de France de saut en longueur en 2020.

Le saut en longueur

Dans cette discipline, tu sautes le plus loin possible en prenant ton impulsion sur un pied, à une marque fixe.

Cette marque est matérialisée par une ligne rouge sur une planche en bois, on l'appelle la *planche*. Si tu prends ton élan 5 millimètres avant la ligne, tu fais une **excellente planche**. Par contre, si ton pied d'appui est au-delà de la ligne, ton saut n'est pas valable. On dit qu'il est **mordu**.

Voici les clés du saut en longueur :

1. **Quand tu sautes**, ne regarde pas la planche, regarde vers le haut.
2. **Arrive vite** sur la planche.
3. **Pose un seul pied** à l'impulsion.
4. **Pense à aller haut** pour aller loin.
5. **Monte les bras** pour te donner de l'élan.
6. **Ton genou libre**, pas celui de la jambe d'appel, s'élève pour atterrir loin.
7. **Réceptionne-toi à deux pieds** dans le bac à sable.
8. **Une fois que tu maîtriseras l'arrivée à deux pieds**, tu pourras t'entraîner à poser les fesses à la place de tes pieds.

« Essaie d'avoir une course d'élan régulière pour prendre facilement tes marques. Ça te permettra de poser ton pied au bon endroit.

Si ta foulée est régulière, tu n'auras pas besoin de regarder la planche. »

Les bras permettent d'équilibrer le saut.

Le 110 mètres haies, championnats d'Europe d'athlétisme en salle, Istanbul, 2023.

Le franchissement des haies

Tu vas enchaîner une course, le franchissement d'un obstacle et une reprise de course.

En course de haies, la hauteur des obstacles évolue avec l'âge. Pour les enfants de 6-7 ans, on les place à 30 ou 50 centimètres du sol. À 12 ans, en catégorie benjamins, on dispute le 50 mètres haies. Il y a cinq haies de 65 centimètres de haut à franchir. Les haies que franchit Pascal Martinot-Lagarde sont réglées à **106 centimètres du sol**, ce sont les plus hautes.

« Quand tu as déterminé la jambe avec laquelle tu attaques la haie, elle ne change plus. Tu dois toujours faire quatre pas entre deux haies. Taper les haies, ce n'est pas grave. Tomber, ce n'est pas grave. Mais, surtout, si tu tombes, recommence tout de suite. Ne laisse pas la peur s'installer. Ne te laisse pas envahir par les pensées négatives. Je suis tombé des dizaines de fois, j'y suis retourné. Il vaut mieux se faire mal et apprendre que ne pas faire du tout. »

Voici les clés de la course de haies :

1. **Ne ralentis pas** à l'approche de la haie.
2. **Lance ta jambe** vers l'avant comme si tu voulais toucher la haie avec ton talon.
3. **Rase l'obstacle** en essayant de modifier le moins possible ta trajectoire.
4. **À la réception, ne t'écrase pas** derrière la haie.
5. **Essaie de continuer à courir vite** pour franchir la suivante.

On appelle l'athlète *coureur* ou *coureuse de haies*. Si tu renverses une haie, ce n'est pas éliminatoire.

Le relais

C'est une course en équipe. Cette épreuve clôt souvent les compétitions officielles.

Chaque équipe est composée de quatre athlètes, qui s'élancent l'un après l'autre sur une distance donnée. Ils se transmettent un bâton en aluminium, appelé **témoin**. La transmission se fait dans une **zone délimitée**, matérialisée au sol par des traits blancs.

L'athlète Floria Gueï pendant le relais 4 × 400 mètres, Jeux olympiques de Tokyo, 2021.

Dans ton club ou avec ta classe, tu participeras peut-être à des relais par équipes de six ou plus sur des distances de 30 ou 50 mètres. Pour faciliter les transmissions, le témoin peut être un **anneau**. C'est l'objet le plus facile à attraper quand on débute.

Les courses de relais sont les seules épreuves collectives de l'athlétisme. Dès que tu as fini de courir, encourage tes partenaires !

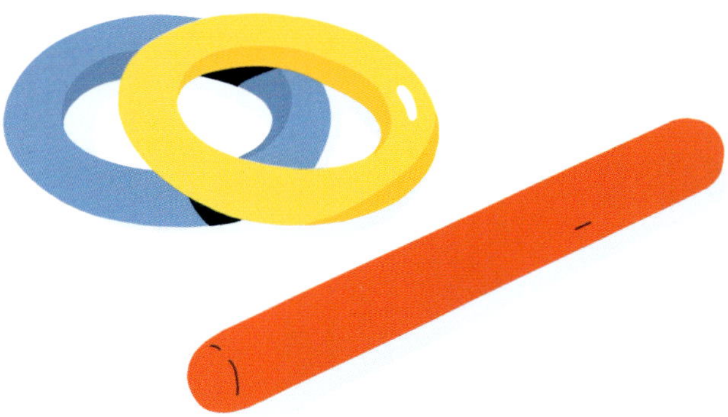

Ouvre bien la main, doigts écartés, pour saisir le témoin.

Voici les clés du relais :

1. **Si tu es receveur ou receveuse**, prépare-toi à l'arrivée de ton ou ta partenaire.
2. **Commence à trottiner** avant son arrivée.
3. **Si ton ou ta partenaire a le témoin dans la main gauche**, tends ta main droite pour l'attraper.
4. **À son signal, par exemple « Hop ! »**, tends ton bras en arrière, la main ouverte.
5. **Regarde devant toi.** Referme ta main sur le témoin.
6. **Cours le plus vite possible en restant dans ton couloir.** Tu peux changer ton témoin de main pendant la course pour être plus à l'aise.
7. **Repère le ou la partenaire** à qui tu dois transmettre le témoin sur la piste.
8. **Crie-lui « Hop ! »** pour le prévenir ou la prévenir que tu arrives.
9. **Lâche le témoin** quand il ou elle l'a bien en main.
10. **Ta course est finie.** Encourage tes partenaires !

« Un petit conseil pour ne pas sortir de ton couloir lors de la transmission de témoin. Si tu tiens le témoin de la main gauche, cours à droite de ton couloir.

Et inversement : si tu tiens ton témoin de la main droite, cours à gauche de ton couloir. »

Le lancer du vortex

Le vortex est un engin réservé aux enfants.

Tu n'as jamais vu de lancer du vortex dans une compétition à la télévision. C'est normal ! Le lancer du vortex permet de se préparer au lancer du javelot.

> « C'est super-marrant, le vortex. Si ton vortex part bien, tu entends un sifflement. Tu sais tout de suite s'il ira loin ou pas. C'est beaucoup plus marrant que le lancer du poids en plastique, auquel on peut aussi s'entraîner quand on est enfant. »

Voici les clés du lancer :

1. **Tiens la partie arrondie du vortex dans ta main**, sa pointe, son nez, vers l'avant.
2. **Avance le pied opposé au bras avec lequel tu lances.** Si tu lances du bras droit, avance le pied gauche.
3. **Tends le bras vers l'arrière.**
4. **De ta main libre**, pointe l'endroit que tu vises.
5. **Déclenche le lancer** en ramenant ton bras vers l'avant. Tu vas le plier légèrement pendant le lancer.
6. **Lâche le vortex** quand il est au-dessus de ton épaule.
7. **Le nez du vortex** doit toujours regarder vers le haut.
8. **Quand tu maîtriseras le geste**, tu pourras ajouter quelques pas d'élan.

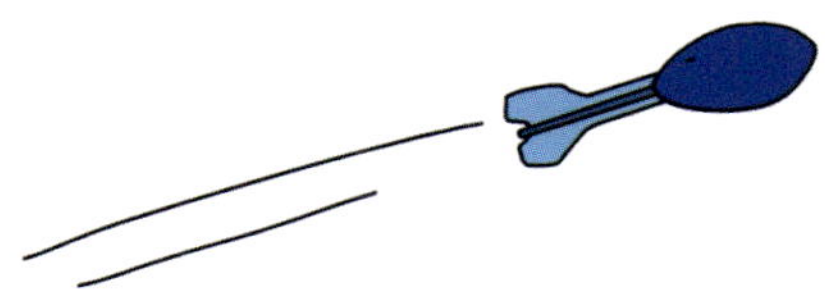

Le vortex est en mousse et pèse 125 grammes.

“ *La compétition permet de casser la routine, de se découvrir et de voyager. Le voyage commence dans une compétition de sport scolaire près de chez toi. On ne sait pas où il se finira.* »

LA COMPÉTITION

Mesurer la performance

Pour savoir qui a gagné la compétition et classer les athlètes, il faut mesurer précisément leurs performances. C'est le rôle des juges et des officiels.

Un chronomètre au millième de seconde.

Le temps

Le starter donne le top départ de la course. Il dit « À vos marques », « Prêts ? », puis tire en l'air pour **donner le départ**. Le chronomètre est enclenché au coup de feu, et arrêté quand le torse de l'athlète franchit la ligne.
Les épreuves chronométrées à la main sont comptées au **dixième de seconde**. C'est ce que tu découvriras lors de tes premières compétitions. Lorsque le système est électronique, on compte au centième de seconde près.

Dans les compétitions internationales, les athlètes sont parfois départagés au millième de seconde. Des appareils photo très perfectionnés capturent mille images par seconde et permettent de voir des détails **invisibles à l'œil nu**.

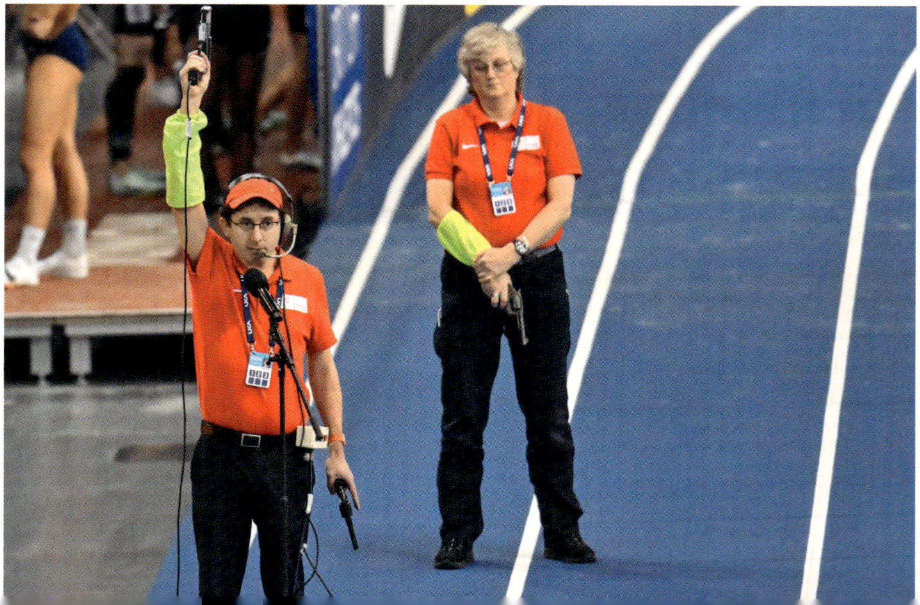

Le pistolet de départ est relié au chronomètre.

L'arrivée du 110 mètres haies, championnats d'Europe d'athlétisme, Munich, 2022.

« Aux championnats d'Europe en 2022, j'ai été deuxième, à 0,001 seconde du premier. Un millième de seconde ! C'est imperceptible à l'œil humain, ce n'est même pas un cheveu.

Quand une course se joue à un millième, on peut même parler de chance. J'étais deuxième et pas premier. Mais j'étais super-content de moi parce que j'avais donné le meilleur. »

La distance

Au saut en longueur et au triple saut, les juges mesurent la distance comprise entre la **planche d'appel** et la **marque de réception** la plus proche de la planche.

Aux lancers, les juges mesurent la distance entre la limite de la zone d'élan et le premier impact de l'engin au sol. Aux lancers du poids, du disque et du marteau, la zone de prise d'élan est un **cercle**. Au lancer du javelot, c'est un **couloir** de 4 mètres de large délimité par un **arc de cercle**.

Au saut en hauteur et au saut à la perche, les athlètes doivent passer par-dessus une **barre**. Le saut est validé si elle ne tombe pas.

La mesure de la distance au saut en longueur.

La progression

Pour devenir un champion ou une championne, tu commences par participer à des compétitions près de chez toi.

Selon ton âge, il existe différents formats : les interclubs (confrontations entre clubs), les compétitions handisport, les compétitions au niveau départemental puis régional...

- **Jusqu'à 6 ans :** baby athlé
- **De 7 à 9 ans :** école d'athlé
- **De 10 à 11 ans :** poussins
- **De 12 à 13 ans :** benjamins
- **De 14 à 15 ans :** minimes
- **De 16 à 17 ans :** cadets
- **De 18 à 19 ans :** juniors
- **De 20 à 22 ans :** espoirs

« L'athlétisme m'a permis de sortir du club, de casser la routine. Avant d'être professionnel et de voyager partout dans le monde, j'ai voyagé près de chez moi, en France, dans la ville d'à côté. J'ai fait des rencontres, je me suis ouvert aux autres. Plus le niveau des compétitions augmente, plus on part loin. »

Pascal Martinot-Lagarde, 9 ans, au club d'athlétisme de Moissy-Cramayel, octobre 2000.

« Je n'ai pas bénéficié d'horaires aménagés pendant ma scolarité. Je m'entraînais après l'école, le collège. J'avais des journées très remplies. Je ne le conseille à personne.

Au lycée, je faisais deux heures de transport le soir pour aller m'entraîner à Paris. Je rentrais chez moi à 22 heures, sans avoir fait mes devoirs... J'étais ambitieux, et je voulais m'entraîner avec plus fort que moi pour progresser plus vite. »

Le site Internet de la fédération d'athlétisme (www.athle.fr) recense toutes les **performances** réalisées en compétition en France. Tu pourras y voir les résultats de ton *kids' cross* comme la dernière course de Pascal Martinot-Lagarde.

À l'adolescence, les meilleurs athlètes peuvent rejoindre des sections sportives scolaires ou des pôles espoirs. Ces structures permettent d'aménager l'**emploi du temps** pour concilier apprentissage scolaire et sport de haut niveau.

En quête de records

Dès que tu participes à une compétition, tu établis un record : ton record personnel.

En compétition, il faut que la performance soit homologuée par un juge-arbitre pour qu'il y ait record. Il existe toutes sortes de records : départementaux, régionaux, nationaux, continentaux, mondiaux, olympiques. Le **record du monde** est la meilleure performance jamais réalisée.

Jeff Erius établit le record de France juniors du 60 mètres en 6 secondes 62, le 18 février 2023, lors des championnats de France en salle.

« Quand j'ai battu le record de France du 110 mètres haies en 12 secondes 95 centièmes, en 2014, j'ai eu l'impression de ne pas forcer. J'ai réussi à trouver le compromis entre le fait d'être à fond et le fait d'être très relâché.

Toi, pour battre ton record, pense juste à aller à fond ! Je ne pense jamais à mon record de France, c'était il y a des années... Je suis plutôt à la recherche de la médaille de plus que du record de plus. »

On appelle *dopage* tout ce qui permet d'améliorer les performances de façon illégale. Comme, par exemple, prendre des **médicaments** qui développent les muscles, l'endurance ou la capacité respiratoire. C'est de la **triche**. On peut avoir l'impression que certains records ne seront jamais battus, parce qu'ils ont été établis à une époque où la lutte contre le dopage n'était pas très performante.

Le plus vieux record du monde date de 1983 : c'est celui du 800 mètres féminin. Le 26 juillet 1983, l'athlète tchécoslovaque Jarmila Kratochvílová court le 800 mètres en 1 minute 53 secondes 28. Ce record tient encore aujourd'hui.

Ayanleh Souleiman (Djibouti), spécialiste du demi-fond et recordman du 1000 mètres en salle, ici au meeting de Portland, en 2016.

Les compétitions internationales

Les meetings (ce terme veut dire « rencontres » en anglais) se déroulent en général sur une journée ou une soirée.

Il existe différents niveaux de compétition : régional, national ou international.

Le circuit de la Ligue de diamant réunit les plus prestigieux meetings d'athlétisme dans le monde. Chacun cherche à faire venir des **stars** pour attirer le public. Les athlètes sont rémunérés en fonction de leur notoriété pour leur participation.

Femke Bol (Pays-Bas), championne du 400 mètres haies, Ligue de diamant, 2023.

Les championnats d'Europe et les championnats du monde ont lieu tous les deux ans. Les championnats d'Europe se tiennent les **années paires**, et les championnats du monde les **années impaires**. Chaque pays sélectionne les meilleurs athlètes pour y participer.

Qu'est-ce qu'un lièvre ? C'est un athlète payé par l'organisateur du meeting pour donner un **rythme élevé** aux courses de demi-fond afin que des records soient battus. Le lièvre finit rarement la course. S'il la finit, il est classé comme les autres concurrents.

Pascal Martinot-Lagarde, médaille d'argent aux championnats d'Europe 2022, avec Asier Martinez (Espagne), médaille d'or, et Just Kwaou-Mathey (France), médaille de bronze.

« Il y a trois façons de gagner sa vie en athlé :

– les primes à la performance en fonction des résultats des courses, payées par les fédérations ou les organisateurs de courses ;

– les primes de notoriété en participant à des meetings ;

– le sponsoring sportif : des marques te rémunèrent pour utiliser ton image.

Peu d'athlètes vivent de l'athlétisme, même en équipe de France. J'ai pu le faire parce que j'ai habité chez mes parents jusqu'à 24 ans et que je n'ai jamais été dépensier. Il ne faut pas faire du sport pour devenir riche, c'est une mauvaise raison. »

La magie des Jeux olympiques

L'athlétisme est le sport roi des Jeux olympiques. Et les Jeux sont l'événement sportif le plus suivi au monde.

Tous les quatre ans, pendant deux semaines, les Jeux réunissent plus de quatre milliards de téléspectateurs.

Pascal Martinot-Lagarde dans l'épreuve du 110 mètres haies aux Jeux de Tokyo, 2021.

« J'ai participé deux fois aux Jeux olympiques, en 2016 et 2021. Pendant une bonne semaine, tu es au centre du monde. Tu vis dans un village spécialement construit pour l'occasion, où il n'y a que des sportifs. On y parle toutes les langues.

Tu es chouchouté, tout est fait pour que tu te sentes bien. Si tu veux manger un plat de pâtes à 3 heures du matin parce que ta compétition commence à 8 heures, tu peux. Tu as l'impression que le temps s'arrête et que tu vis dans un monde parallèle. Quand tu rentres chez toi, tu as une sorte de blues. Et ce, quels que soient ton résultat ou ta performance. »

La Jamaïque, avec Usain Bolt en dernier relayeur, remporte le relais 4 × 100 mètres aux Jeux de Rio, 2016.

Les légendes du sport s'y construisent. Tous les athlètes rêvent de participer à cette **fête**. Chaque pays sélectionne les meilleurs athlètes, trois au maximum par épreuve. Dans certaines grandes nations de l'athlétisme, comme la Jamaïque ou les États-Unis, où les compétiteurs sont nombreux, se qualifier pour les Jeux est déjà un sacré **défi**.

Le sprinteur jamaïcain Usain Bolt est la dernière superstar de l'athlétisme. Il a remporté **huit médailles d'or**, et gagné trois fois de suite les titres sur 100 mètres et 200 mètres, en 2008, 2012 et 2016. Pour faire la photo parfaite de la finale du 100 mètres, certains photographes se sont positionnés près de la ligne d'arrivée vingt-quatre heures avant la course !

Crédits photographiques

Alamy - Page 10, bas : Photo12/Agefotostock/Historical Views/Alamy. Page 60 : Francis Knight/Photo12/Alamy. Page 6, bas : Paul Harding/PA Images/Photo12/ABC.

Bridgeman - Page 11, haut : Mary Evans/Bridgeman Images.

IStockphoto - Page 17, bas : Portishead1/IStockphoto.

Presse Sports - 1re de couverture : Stadion-Actu. 4e de couverture : Sébastien Boué. Page 3 : Sébastien Boué. Page 7 : Frédéric Porcu. Page 9, bas : Grégory Picout. Page 9 *sqq.*, médaillons : Stadion-Actu. Page 11, bas : Frédéric Mons. Page 13, haut : Fablet. Page 13, bas : Prévot. Page 14 : Antoine de Cottignies/Stadion-Actu. Page 16 : Alain Mounic. Page 21, haut : Presse Sports. Page 21, bas : Stadion-Actu. Page 22 : Stadion-Actu. Page 23 : Sébastien Boué. Page 24 : Sébastien Boué. Page 25 : Alex Martin. Page 27, haut : Morgan Treacy/Inpho. Page 27, bas : Stadion-Actu. Page 28 : Stadion-Actu. Page 29, haut : Alain Mounic. Page 29, bas : Sébastien Boué. Page 30 : Yohei Osada/Aflo Sport. Page 31 : Yohei Osada/Aflo Sport. Page 32 : Nicolas Luttiau. Page 37 : Frédéric Mons. Page 41 : Franck Faugère. Page 43 : Franck Faugère. Page 45 : Franck Faugère. Page 46 : Tomasz Jastrzebowski/Foto Olimpik. Page 49 : Franck Faugère. Page 50 : Alain Mounic. Page 52 : Stadion-Actu. Page 54 : Alain Mounic. Page 58 : Stadion-Actu. Page 61, haut : Stadion-Actu. Page 64 : Stadion-Actu. Page 65, haut : Franck Faugère. Page 65, bas : Picture Alliance. Page 66 : Sébastien Boué. Page 67, haut : Sébastien Boué. Page 67, bas : Stadion-Actu. Page 68 : Alain Mounic. Page 69 : Sébastien Boué.

Les éditions Milan tiennent à remercier, pour le prêt de photos à titre gracieux :
Page 63 : Moissy-Cramayel Athlétisme, Pascal Lépicier.